SOUVENIR

17 AOUT

1870

HOMMAGE

RENDU AU DOCTEUR

FERNAND MOISSON

PAR SON COLLÈGUE ET AMI

Olidat VAILLE, d'Englefontaine.

———

CAMBRAI

Imp. de SIMON, rue St-Martin, 18.

HOMMAGE

RENDU AU DOCTEUR

FERNAND MOISSON

PAR SON COLLÈGUE ET AMI

Olidat **VAILLE**, d'Englefontaine.

MESSIEURS,

Le Corps Médical de notre pays vient d'éprouver une perte des plus sensibles en la personne de celui que nous accompagnons maintenant à sa dernière demeure. Qu'il me soit permis, à moi, son plus ancien ami peut-être, de me faire l'interprète des sentiments de tous, en déposant au bord de cette tombe, un dernier témoignage de mon affection.

Le docteur Moisson Fernand, avait fait à côté de moi, presque toutes ses études humanitaires, et plusieurs d'entre vous, sans doute, se souviennent encore de ses succès. A dix-neuf ans, il était bachelier ès-lettres et ès-sciences et la route s'ouvrait devant lui, facile et belle pour toutes les carrières libérales. Après un an de repos, il choisissait la médecine qui offrait à son esprit généreux, le champ le plus vaste pour prendre son essor.

A Lille, où nous nous retrouvâmes, partageant les mêmes travaux, il ne tarda pas à se faire remarquer par ses qualités brillantes, son aménité, son élocution facile et correcte, sa remarquable promptitude à saisir tout ce que l'on soumettait à son esprit. Deux fois il fut proclamé parmi les plus dignes, et ses condisciples applaudissaient à ses succès, tant il avait su trouver le chemin de leur cœur. A Paris, sur un plus vaste théâtre, il sut se faire estimer et aimer de ses maîtres, et tous ceux qui l'ont connu seront douloureusement affectés de sa mort. Après 5 ans d'études médicales, il soutenait brillamment sa thèse sur : *Anasarque sans albuminurie*. Il avait alors 26 ans.

Revenu à Solesmes, il ne tarda pas à s'y faire remarquer par les qualités de son esprit et de son cœur. Tout entier à ses nouveaux devoirs, il ne sut jamais distinguer le riche et le pauvre, et son dévouement ne voyait dans le malade que l'humanité souffrante et qu'il fallait soulager.

Plusieurs épidémies qui éclatèrent dans les environs, ne purent lasser son zèle, déjà éprouvé d'ailleurs, pendant le choléra, alors qu'il remplaçait à Lourches le docteur Coupé.

Plus heureux d'ailleurs, que beaucoup de ses confrères, qui, après avoir semé les bienfaits, ne recueillent que l'ingratitude, il avait vu sa clientèle augmenter rapidement, et les malades affluaient auprès du praticien consciencieux et de l'opérateur habile autant que hardi. Les succès, malheureusement, devaient amener sa perte, et le précipice, pour être couvert de fleurs, n'en était pas moins devant lui.

Une épidémie plus meurtrière encore que celles qu'il avait eu à combattre jusque-là, avait éclaté à Viesly et dans les environs, deux médecins avaient succombé déjà, et le docteur Moisson qui avait soigné l'un d'eux, avait été vivement affecté par sa mort.

Il n'en continuait pas moins, à remplir son devoir et à lutter. Mais ses forces devaient le trahir, et bientôt il abandonnait la tâche.

Le typhus l'avait vaincu.

Il ne se fit nullement illusion, et lorsque j'accourus pour le voir, toutes ses précautions étaient prises, et déjà il avait appelé à son secours les consolations de la religion. Fidèle en cela du reste à la pratique de toute sa vie ! Car Messieurs, au milieu des études d'apparence toute matérielle de la médecine, et malgré les séductions et les illusions de la jeunesse, le docteur Moisson, comme beaucoup de ses confrères, avait su conserver intacte, la foi de ses premières années. Il croyait simplement, sans bravades et sans forfanterie, de cette foi qui n'admet ni la superstition ni l'hypocrisie.

Et c'est là ce qui sera pour nous une grande consolation. Sans doute, cher ami, ta place restera toujours vide au cœur de tes parents, et nous te regretterons longtemps, nous qui t'avons connu, et qui t'avons aimé.

A peine né à la grande vie, il a fallu te coucher dans la mort ; mais du moins, tu t'y es couché en brave, tu es tombé sur le champ de bataille de la science et de l'humanité. Honneur à toi ! tu ne resteras pas sans récompense et celui qui voit et pèse tous les dévouements, t'a déjà choisi ta place au milieu de ses élus.

En quittant cette dépouille périssable, que

nous allons laisser à la terre, ton âme radieuse s'est envolée dans le sein de Dieu, et à cette heure, je dirais volontiers à tous ceux que je vois autour de moi et qui te regrettent : Relevons-nous et séchons nos larmes, l'ami que nous pleurons n'est pas perdu pour nous, il nous attend dans un monde meilleur. Et c'est avec l'espoir de t'y retrouver un jour, qu'en mon nom, et au nom de nos anciens condisciples, et de tous les tiens, je t'adresse le suprême adieu.

Oui, MOISSON, adieu! Adieu, cher ami !

Solesmes, le 17 Août 1870.

Cambrai. — Imp. de Simon, rue St-Martin, 18.

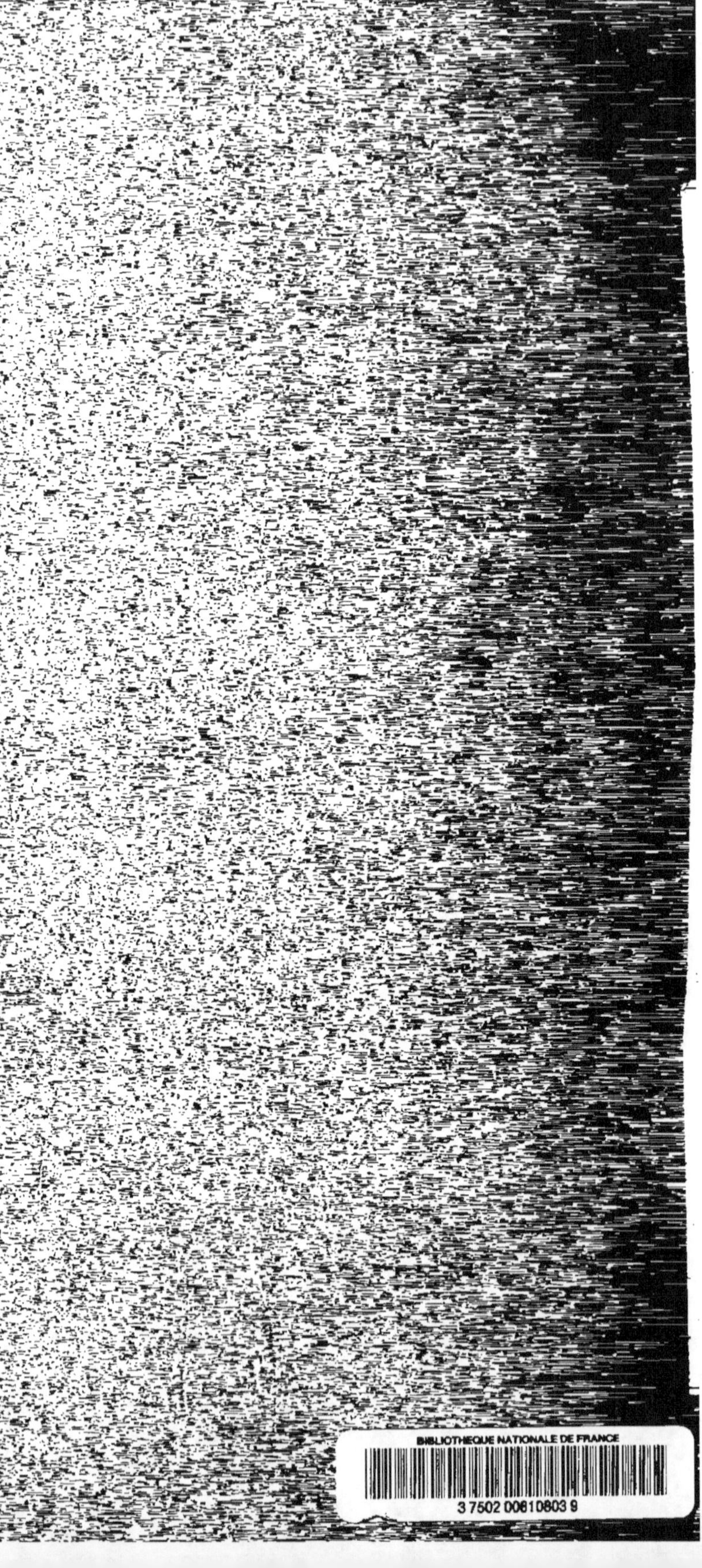